CB059963

pintando o SETE

caulos
O céu azul de Giotto

ROCCO
PEQUENOS LEITORES

Copyright © 2010 texto e ilustrações *by* Caulos

COLEÇÃO PINTANDO O SETE

Coordenação editorial
ANA MARTINS BERGIN

Preparação de originais
CRISTIANE DE ANDRADE REIS

Direitos desta edição reservados à
EDITORA ROCCO LTDA.
Av. Presidente Wilson, 231 – 8º andar
20030-021 – Rio de Janeiro – RJ
Tel.: (21) 3525-2000 – Fax: (21) 3525-2001
rocco@rocco.com.br
www.rocco.com.br

Printed in Brazil/Impresso no Brasil

CIP-Brasil. Catalogação na fonte.
Sindicato Nacional dos Editores de Livros, RJ.

C362c   Caulos, 1943-
O céu azul de Giotto / Caulos
Rio de Janeiro: Rocco Pequenos Leitores, 2010.
principalmente il. – (Pintando o sete)
ISBN 978-85-62500-15-2

1. Giotto, 1267-1337 – Literatura infantojuvenil.
2. Pintura renascentista – Literatura infantojuvenil.
3. Literatura infantojuvenil brasileira. I. Título.

10-2695   CDD – 028.5   CDU: 087.5

O texto deste livro obedece às normas do
Acordo Ortográfico da Língua Portuguesa.

Impressão e acabamento: Gráfica Stamppa

caulos

O céu azul de Giotto

O menino *Ambrogiotto di Bondone* nasceu num vilarejo próximo de Florença, na Itália.

8

Seu pai, um camponês muito pobre,
tinha uma pequena terra onde criava ovelhas,
que o menino Giotto pastoreava.

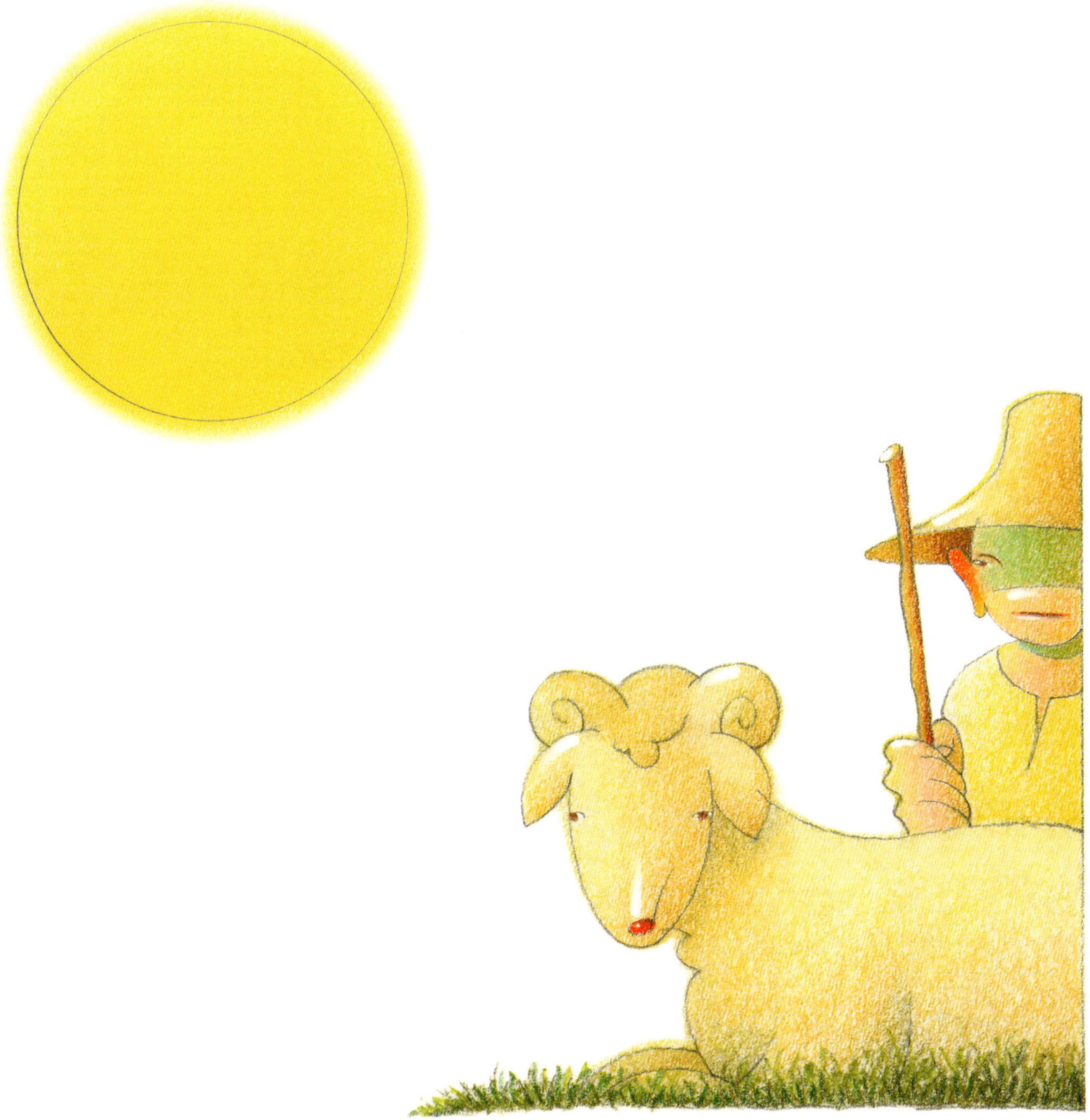

Dizem que Giotto vigiava as ovelhas e, ao mesmo tempo, desenhava nas pedras (com carvão) outras ovelhas, o que certamente incomodava seus pais, afinal, enquanto desenhava, o menino não cuidava das ovelhas.

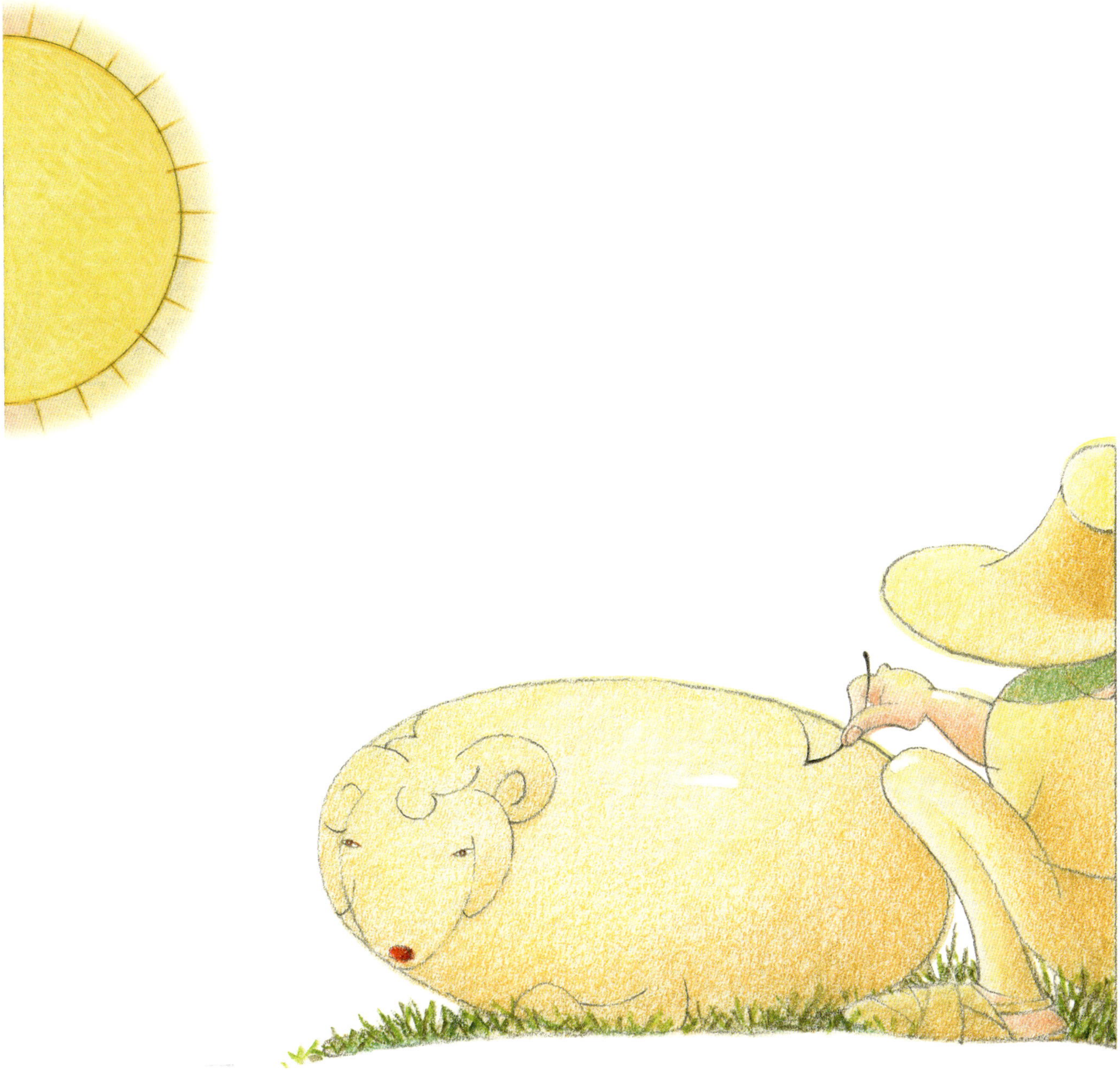

Foi quando passou por ali
um dos mais importantes
pintores da Itália, o Cimabue,
que viu o menino Giotto desenhando

e o levou para Florença
para ser seu aprendiz e ajudante.

Naquele tempo, os pintores pintavam os santos, os anjos, a Nossa Senhora e o menino Jesus.

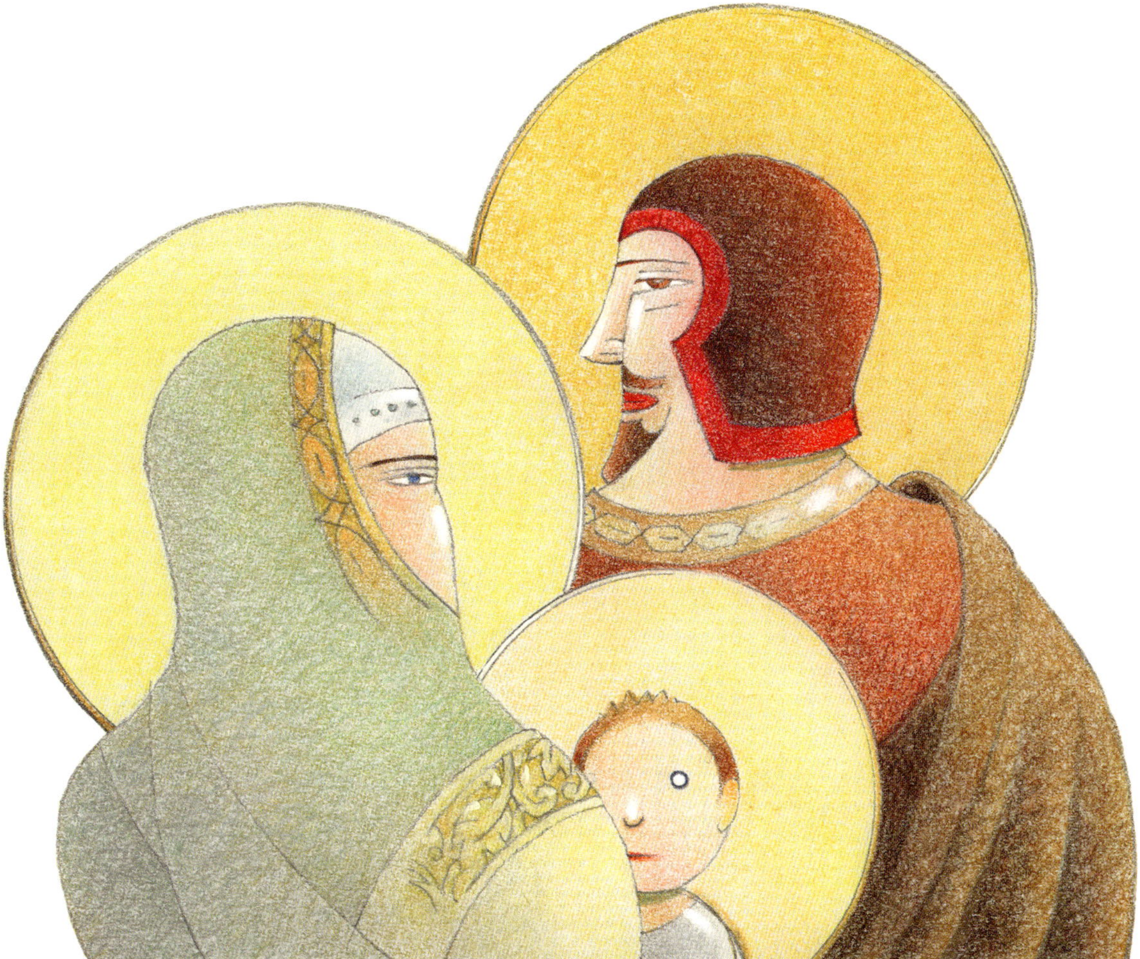

Eram figuras importantes,
tinham quase todas o mesmo rosto
e pareciam estátuas, paradas lá no céu.
Não pareciam pessoas como nós.

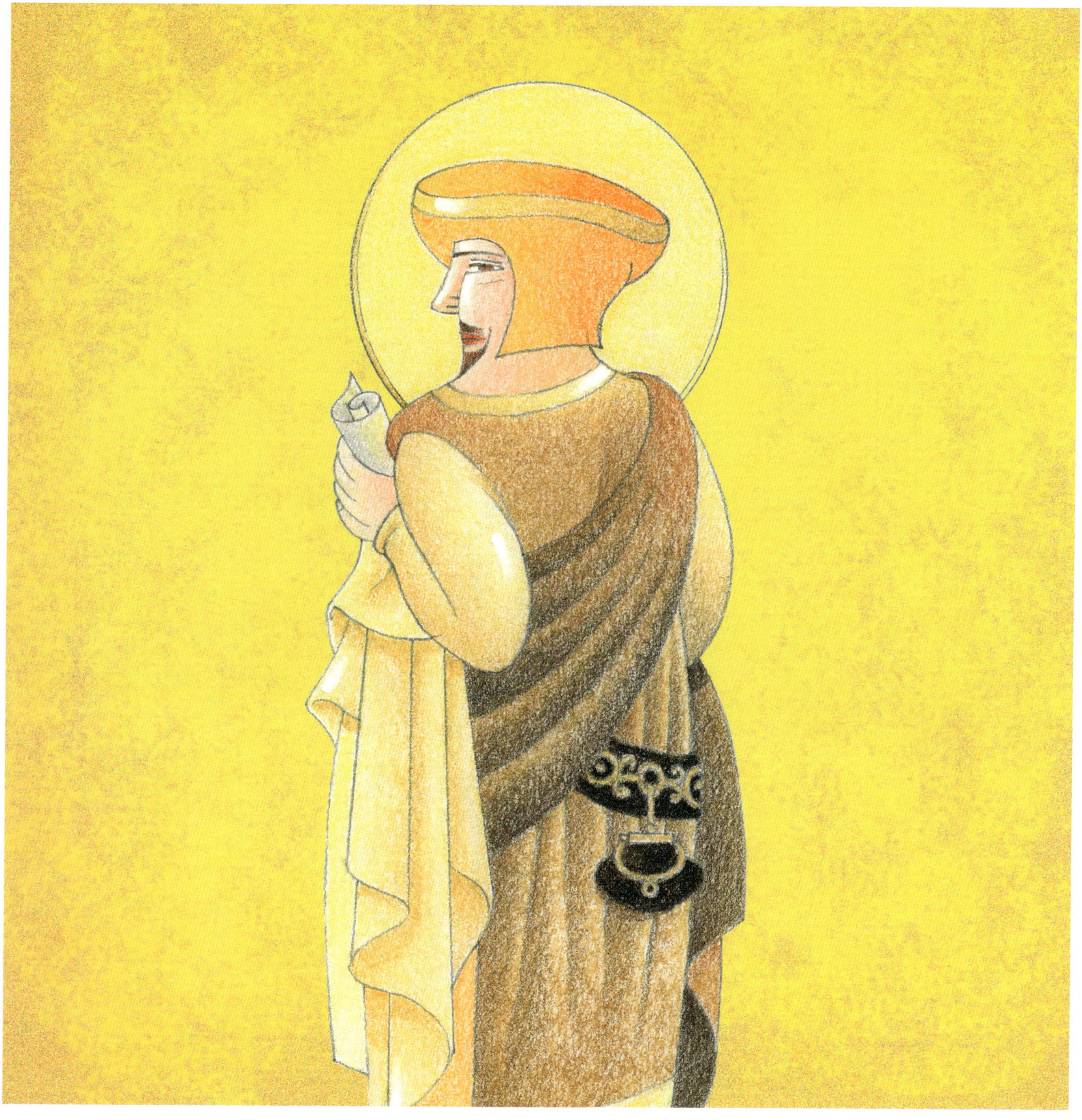

O céu nas pinturas daquele tempo
era pintado com folhas de ouro,
o paraíso parecia muito longe.
Para chegar lá era preciso ser um santo.

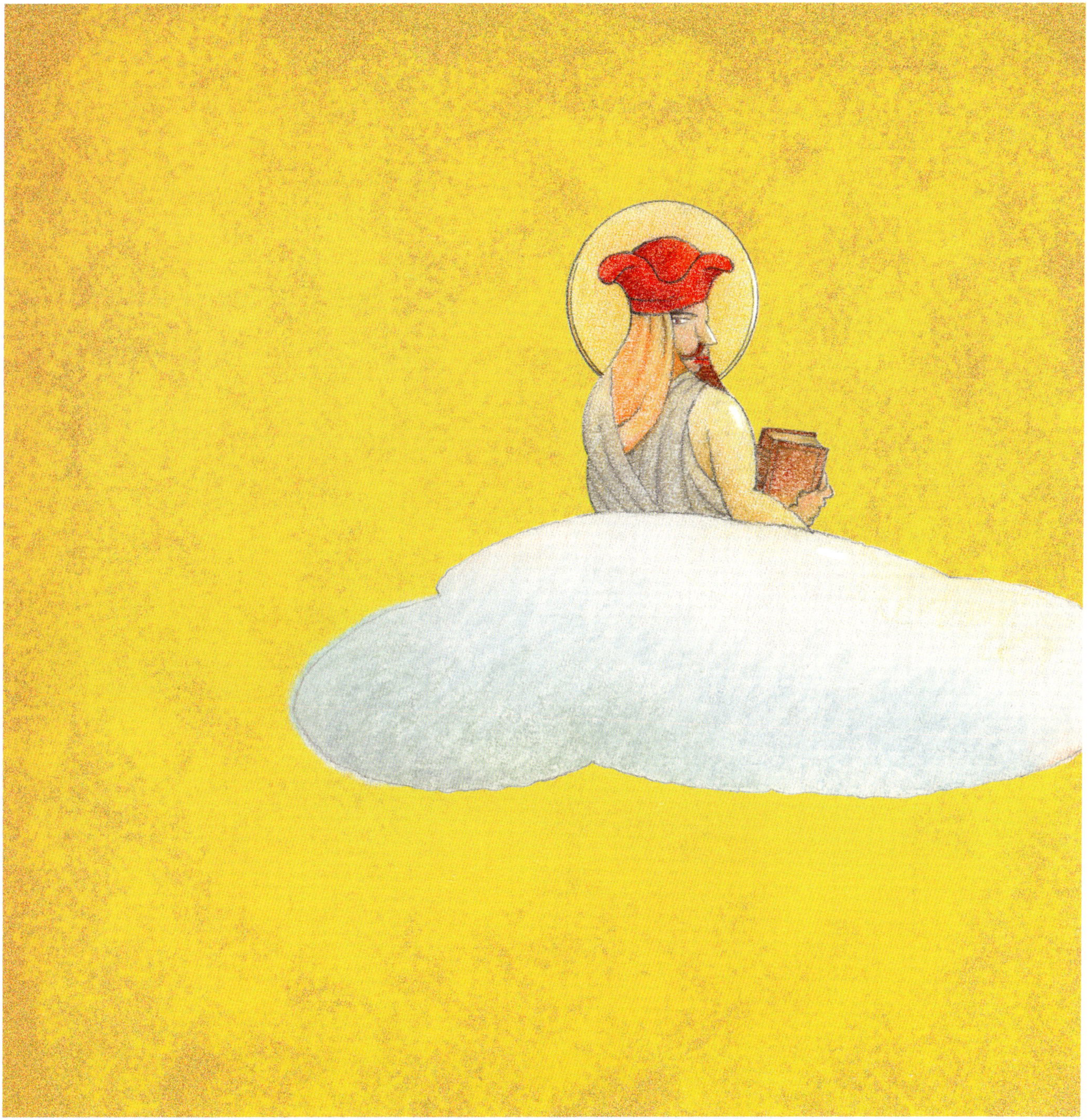

Giotto, que tinha muito talento, aprendeu rápido
e passou a pintar os santos à sua maneira.

Ele achava que antes de serem santos eles eram homens
e, assim como todos os homens,
tinham seus momentos de tristeza...

alegria...

22

e até espanto!

Eles
(os santos pintados pelo Giotto)
viviam em casas como as nossas,
com portas e janelas,
de onde podiam ver as árvores,
as montanhas e os pássaros.

Mas o artista não pintou apenas os retratos dos santos.
Pintou as suas histórias e os seus milagres
como num gibi colorido.

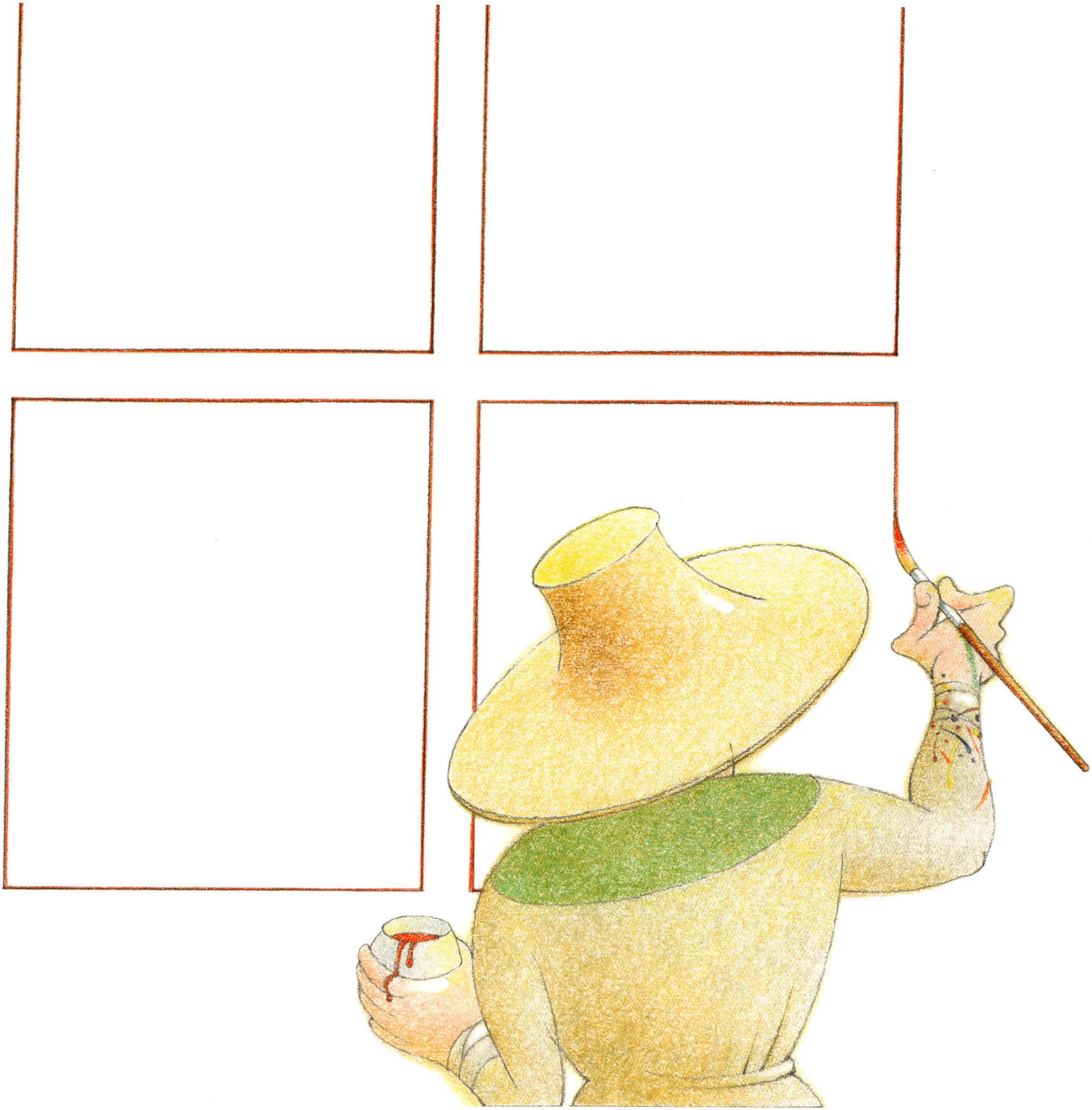

26

Eram histórias em quadrinhos muito movimentadas
que ele pintava nas paredes das igrejas,
para que todos pudessem ver.

E todos os que viam aquelas pinturas
gostavam e entendiam as histórias.
Eles entendiam e gostavam
porque podiam reconhecer as casas, as paisagens,
os bichos e as pessoas...

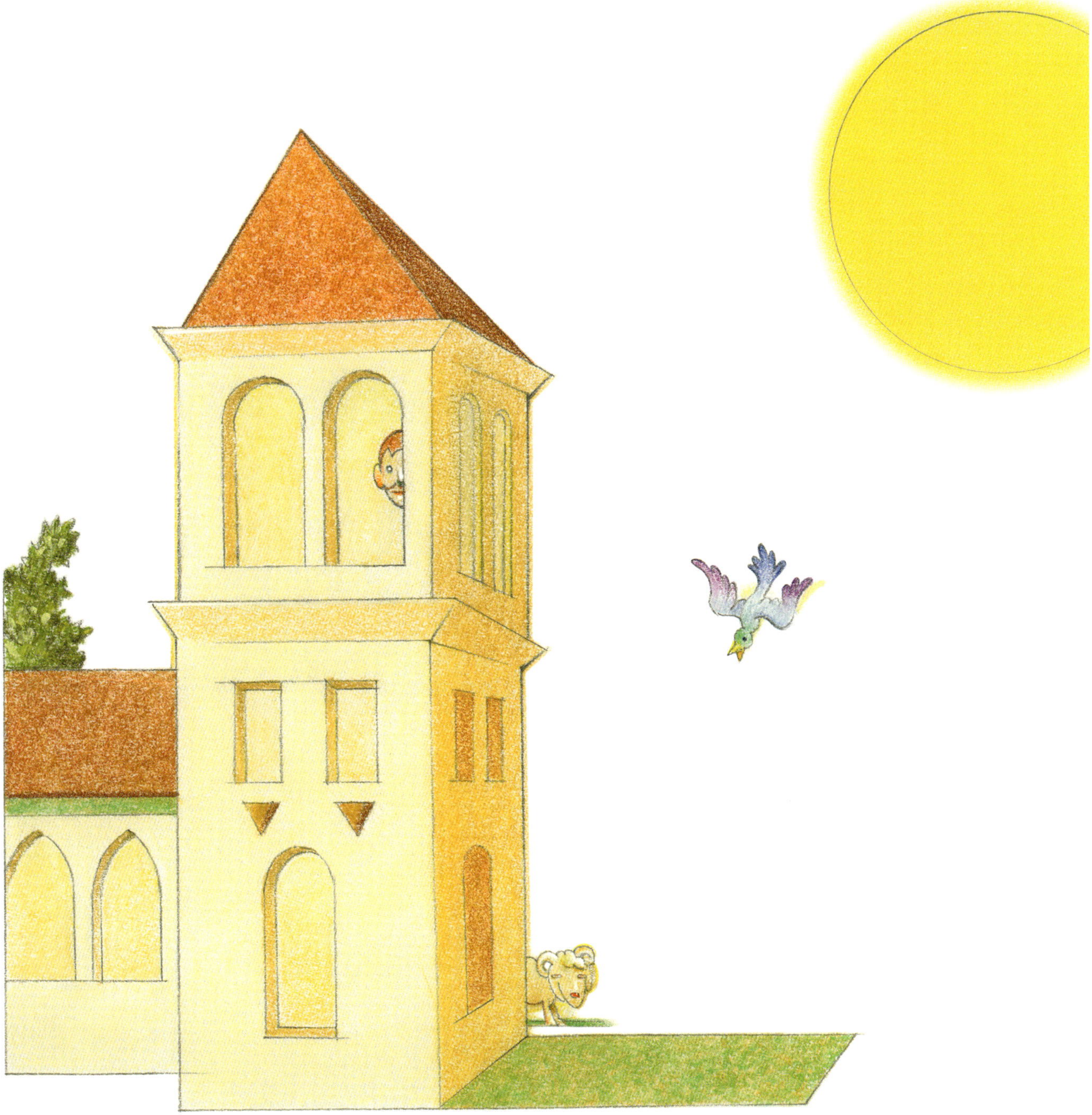

e o céu naquelas pinturas era azul
como o céu que vemos da nossa janela.

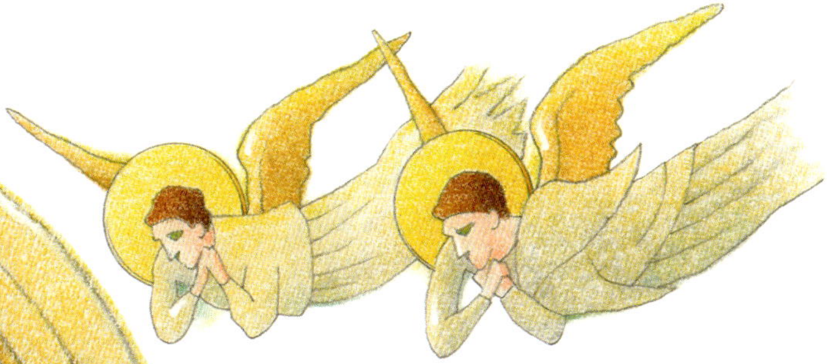

Talvez Giotto acreditasse que o paraíso é aqui.

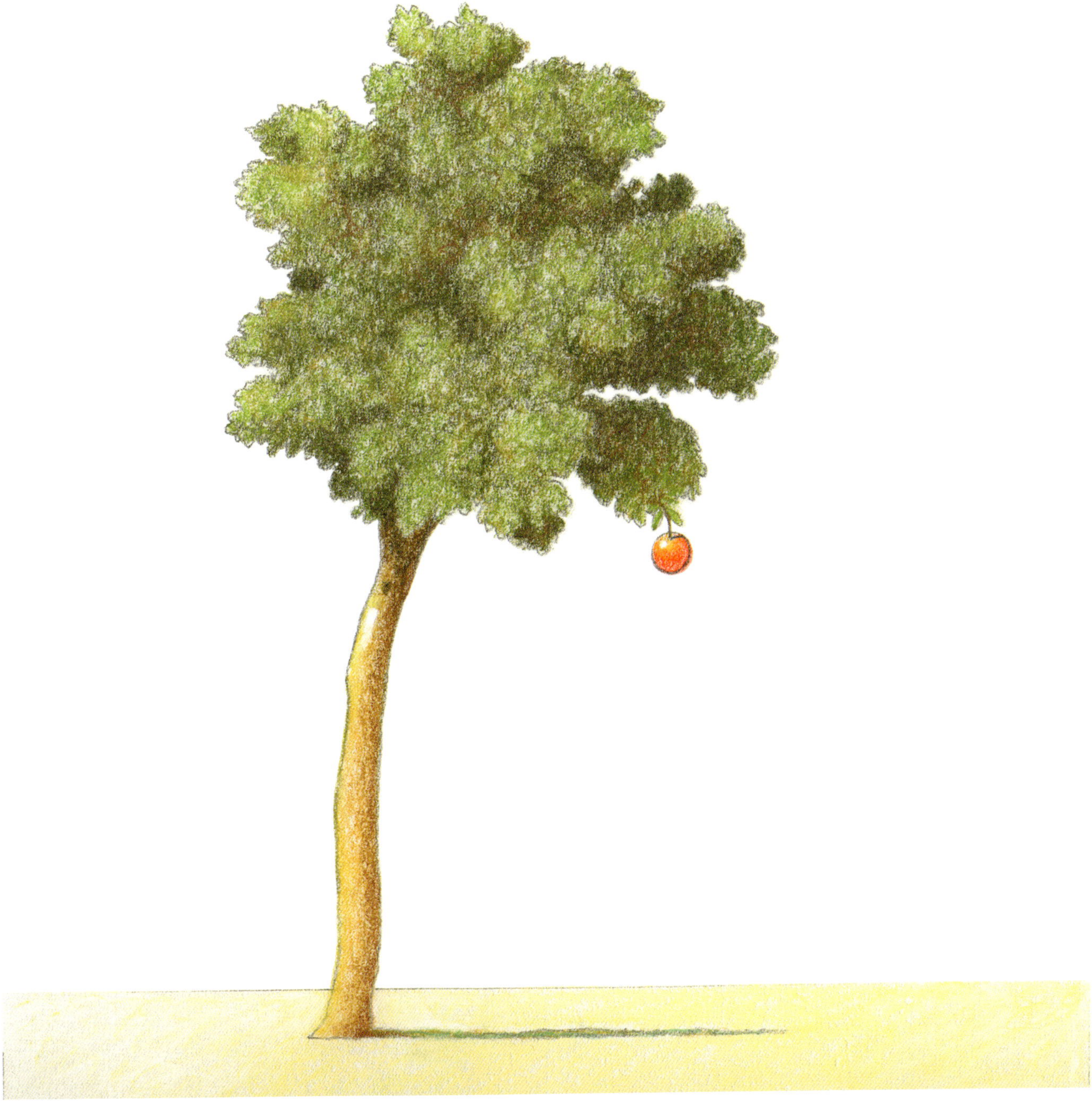

Fim.

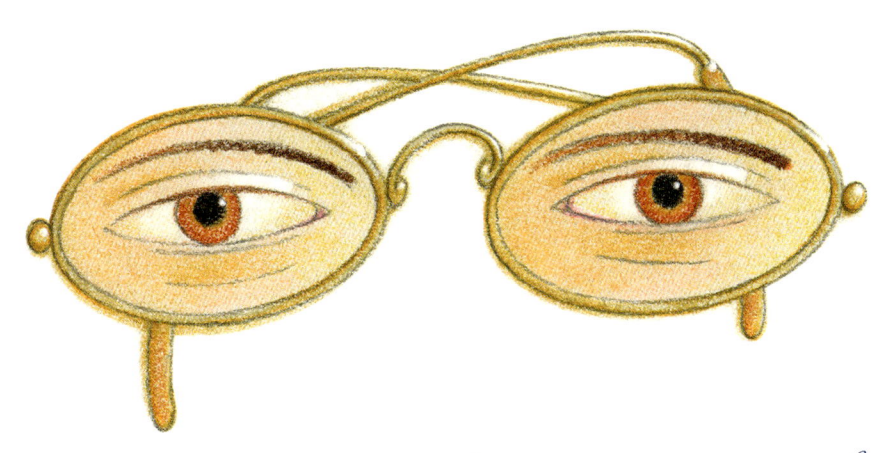

Este livro é dedicado aos *professores* e às *professoras*
que ensinam tudo o que sabem aos seus alunos
para eles fazerem o que bem entenderem.

Giotto di Bondone (1267-1337)

Muito já se escreveu sobre a obra de Giotto, mas pouco se sabe sobre sua vida. Ele nasceu na aldeia de Colle di Vespignano, próximo de Florença, na Itália, talvez no ano de 1267, e as histórias que se conhecem podem ser fatos ou lendas – uma única certeza é que ele foi o maior pintor do seu tempo.

Dante Alighieri, o autor de *A Divina Comédia*, escreveu que Cimabue era o mais importante dos pintores florentinos, até que um aluno (um aprendiz) tomou o seu lugar: Ambrogiotto di Bondone, Giotto. Ele fez isso pintando com realidade e drama a história sagrada, o contrário da visão abstrata que a arte, naquele tempo, tinha dos anjos, dos santos e do paraíso.

Os desenhos que ilustram este livro (pastel e lápis de cor sobre papel) são baseados em personagens das pinturas de Giotto e da arte bizantina, que antecedeu o artista.

As duas figuras na capa são baseadas na pintura *Pentecostes,* 1306-1312
(têmpera sobre madeira, 45,5x44cm) National Gallery, Londres.
Página 33: baseado na pintura *São Francisco recebendo os estigmas,* 1295-1300
(têmpera sobre madeira, 313x163cm) Museu do Louvre, Paris.